세조는 조카인 단종을 몰아내고
왕이 된 뒤 성삼문 등을 없애고
왕권을 강화하였어요. 또 나라 살림을
풍족하게 하기 위해 직전법을 실시했어요.
군사력을 강화하여 국방도 튼튼히 했지요.
함경도 지방에서 일어난 반란을
누르고 왕권을 더욱 굳게 다졌어요.

추천 감수 박현숙(고대사)

고려대학교 사범대학 역사교육과를 졸업하고 동 대학원에서 문학박사 학위를 받았습니다. 현재 고려대학교 사범대학 역사교육과 교수로 재직 중이며, 백제 문화와 고대 인물사 등에 대한 활발한 연구를 계속하고 있습니다. 쓴 책으로 〈백제의 중앙과 지방〉, 〈한국사의 재조명〉 등이 있습니다.

추천 감수 정구복(고려사 · 조선사)

서울대학교 사범대학 역사교육과를 졸업하고 서강대학교에서 문학박사 학위를 받았습니다. 한국학중앙연구원 한국학대학원의 교수로 재직 중이며, 한국학중앙연구원 한국학대학원 원장을 역임하였습니다. 쓴 책으로 〈한국인의 역사 의식〉, 〈역주 삼국사기〉, 〈한국 중세 사학사 1, 2〉 등이 있습니다.

추천 감수 김한종(근현대사)

서울대학교 사범대학 역사교육과를 졸업하고 동 대학원에서 역사교육을 전공하여 문학박사 학위를 받았습니다. 현재 한국교원대학교 교수로 재직 중입니다. 쓴 책으로 〈역사 교육 과정과 교과서 연구〉, 〈역사 교육의 내용과 방법〉(공저), 〈한 · 중 · 일 3국의 근대사 인식과 역사 교육〉(공저), 〈역사 교육과 역사 인식〉(공저) 등이 있습니다.

고증 문중양(과학사)

서울대학교 계산통계학과를 졸업하고 동 대학원에서 이학박사 학위를 받았습니다. 쓴 책으로 〈우리 역사 과학 기행〉, 〈우리의 과학문화재〉(공저), 〈세종의 국가 경영〉(공저) 등이 있습니다.

고증 정연식(생활사 및 복식)

서울대학교 국사학과를 졸업하고 동 대학원에서 문학박사 학위를 받았습니다. 쓴 책으로 〈조선 시대 사람들은 어떻게 살았을까?〉(공저), 〈일상으로 본 조선 시대 이야기 1, 2〉 등이 있습니다.

글 박영규

1996년 밀리언셀러 〈한권으로 읽는 조선왕조실록〉을 출간한 이후 〈한권으로 읽는 고려왕조실록〉, 〈한권으로 읽는 백제왕조실록〉, 〈한권으로 읽는 신라왕조실록〉 등 '한권으로 읽는 역사 시리즈'를 펴내면서 쉽고 재미있는 역사책 읽기의 바람을 일으켰습니다. 그 외에도 〈교양으로 읽는 한국사〉 등의 많은 역사책을 썼습니다.

그림 김윤명

서울대학교 미술대학 동양화과를 졸업하고, 현재 프리랜서 그림작가로 활동하면서 계원예술고등학교에 출강하고 있습니다. 그린 책으로 〈그리스 로마 신화〉, 〈춘향전〉, 〈별치의 꿈〉, 〈사람은 무엇으로 사는가〉 등이 있습니다.

이미지 제공
연합포토, 중앙포토, 국립중앙박물관, 국립부여박물관, 국립경주박물관, 국립민속박물관, 유연태(사진작가), 허용선(사진작가)

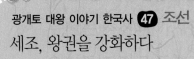

광개토 대왕 이야기 한국사 47 조선

세조, 왕권을 강화하다

총기획 및 발행인 박연환
발행처 (주)한국헤르만헤세
출판등록 제17-354호
연구개발원 경기도 성남시 분당구 금곡동 444-148
대표전화 (031)715-7722
팩스 (031)786-1100
본사 서울시 송파구 석촌동 7-3
대표전화 (02)470-7722
팩스 (02)470-8338
고객문의 080-715-7722
편집 임미옥, 백영민, 윤현주, 지수진, 최영란
디자인 장월영, 주문배, 김덕준, 김지은

ⓒ Korea Hermannhesse

이 책의 표지는 일반 용지보다 1.5배 이상 고가의 고급 용지인 드라이보드지를 사용해 제작하였습니다. 표지를 드라이보드지로 제작하면 습기의 영향을 덜 받기 때문에 본문 용지가 잘 울지 않고, 모양이 뒤틀리지 않아 책을 오랫동안 보존할 수 있습니다.

이 책은 기존의 석유 잉크 대신 친환경 식물성 원료인 대두유 잉크를 사용하여 인쇄하였습니다. 대두유 잉크는 선진국에서 널리 사용하고 있는 고가의 대체 잉크로, 휘발성이 적어 인쇄 상태의 보존이 용이하고, 인체에 무해할 뿐만 아니라 눈에 부담을 주지 않는 자연스러운 색을 내는 특징이 있습니다.

세조,
왕권을 강화하다

감수 **정구복** | 글 **박영규** | 그림 **김윤명**

한국헤르만헤세

왕권을 강화한 세조

사육신과 금성 대군

1455년 6월, 세조가 왕위에 올랐어요.

세조는 한명회, 권람, 신숙주, 정인지, 정창손 등을 중요한 자리에

앉혔어요. 하지만 세조와 그 무리들은 안심이 되지 않았어요.

"아직까지 우리에게 반발하는 세력이 많습니다."

"특히 성삼문을 비롯한 집현전 학자들이 문제입니다."

"상왕 단종을 어서 내쫓아야 합니다.

수양 대군은 제가
맡겠습니다.

상왕이 궁궐에 있으면 반발 세력들이 기회를 노려
상왕을 다시 왕으로 세우려고 할 것입니다."
집현전 학자들은 단종을 왕위에 앉힐 계획을 짜고 있었어요.
성삼문의 집에 집현전 학자들이 모였을 때 유응부가 말했어요.
"좋은 기회가 왔습니다. 명나라 사신을 창덕궁으로 초청하는 자리에
제가 왕을 호위하는 별운검으로 뽑혔습니다."

별운검은 임금의 좌우에서 호위하는 임시 벼슬아치예요.

"정말 잘됐습니다. 그 자리에서 수양 대군을 없애고
명의 사신에게 그의 죄상을 알리면 되겠군요."

그런데 그만 계획이 어긋나 버렸어요.

"명나라 사신을 초대하는 자리에 별운검을 세우지 않기로 했답니다."

"자객이 있을까 두려워 그런 겁니다. 거사 계획을 미뤄야겠습니다."

그 자리에 있던 김질이 딴 마음을 품었어요.

'거사는 이미 물거품이 된 거야. 들통 나면 죽게 되니 나라도 살아야겠다.'

김질은 장인 정창손에게 암살 계획을 일러바쳤어요.

"뭐라, 성삼문과 함께 거사 계획을 짰다고, 이런 나쁜 놈들!"

정창손은 김질을 이끌고 세조에게 갔어요.

"폐하, 성삼문, 박팽년, 유응부, 이개, 하위지 등이 반역을 꾀하고
있답니다."

세조는 당장 잡아들여 직접 죄를 묻겠다고 했어요.

"삼문, 내 너를 아꼈건만 어찌 나를 죽이려 했느냐?"

성삼문이 대답했어요.

"선비는 두 명의 임금을 섬기지 않는 법이고, 신하는 왕을 위해
목숨을 버리는 법이오. 나리께서는 그런 이치도 모르시오?"

"이, 이런 죽일 놈을 봤나?"

그러자 옆 형틀에 묶여 있던 유응부가 말했어요.

"죽일 놈이라니! 왕위를 빼앗은 네놈이 바로 죽일 놈이다!"
함께 고문을 당하던 박팽년도 세조를 노려보며 말했어요.
"만약 이 오랏줄을 풀어 주면 나리의 목줄을 끊을 것이오."

성삼문과 잡혀 온 학자들은 큰소리로 세조를 나무랐어요.

"이런 고얀 놈들! 매우 쳐라!"

유성원과 허조는 집에서 스스로 목숨을 끊었어요.

얼마 뒤, 박팽년은 너무 많이 맞아 감옥에서 죽었고,

나머지는 군기감 앞에서 극형에 처해졌어요.

"죄인들을 능지처참에 처해라!"

능지처참은 두 팔과 두 다리를 찢어 죽이는 무서운 형벌이에요.

단종 복위를 꾀했던 사람들은 모두 잡혀 죽거나 스스로 목숨을 끊었지요.

이 사건으로 열일곱 명이 죽었어요.

단종은 노산군으로 지위가 낮아져 영월로 귀양 보내졌어요.

단종의 복위를 이끌었던 성삼문, 박팽년, 이개, 하위지, 유성원,

유응부 등의 6명을 '사육신'이라고 해요.

단종의 복위를 꾀하다 죽은 사육신과 절개를 지킨 충신들의 위패를 모신 사당이야.

▲ 강원도 영월에 있는 창절사

사육신뿐만 아니라 여섯 명의 생육신도 있어요.

세조 밑에서 벼슬을 하지 않고 단종을 위해 절개를 지킨

김시습, 원호, 이맹전, 조려, 성담수, 남효온 등 6명이에요.

사육신 외에 단종의 복위를 꿈꾼 사람이 또 있었어요.

바로 금성 대군이었지요.

금성 대군은 세종의 여섯째 아들이자 세조의 친동생이에요.

"함께 단종을 지키자고 약속했건만⋯⋯. 조카를 몰아내고

왕위를 빼앗은 수양 대군을 용서할 수 없다."

수양 대군은 저항하는 금성 대군을 가만히 둘 수 없어

왕위에 오르자마자 경상도 순흥으로 귀양을 보냈어요.

금성 대군은 이에 굴하지 않고 반란을
계획하고 동지들을 모았어요.
금성 대군은 순흥 부사 이보흠에게
도와 달라고 했어요.
이때 이보흠의 노비가
이들의 말을 엿듣고
있었어요.

▲ 왕방연 시조비

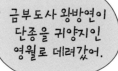

금부도사 왕방연이
단종을 귀양지인
영월로 데려갔어.

이보흠의 노비는 한양으로 달려가 역적 모의를 일러바쳤어요.

한명회는 금성 대군과 이보흠이 역적 모의를 한다는 말에

흐뭇한 미소를 지었어요.

"이제 눈엣가시 같은 단종을 죽일 기회가 왔구나."

얼마 뒤 금성 대군과 이보흠은 붙잡혀 죽임을 당했어요.

"영월에 귀양 가 있는 노산군을 죽여야 역모가 끝날 것입니다."

세조는 단종을 죽여야겠다고 결심했어요.

"노산군에게 사약을 내려라.
그의 시신을 거두는 자는 삼족을 멸할 것이다."

당시 단종은 영월의 초가집에서 머물고 있었어요.

하인도 없이 초라한 생활을 하고 있었지요.

먹을 것도 없었고 찾아오는 사람 하나 없었어요.

단종은 말발굽 소리가 들리면 화들짝 놀라곤 했어요.

"숙부가 나를 죽이려 하는구나!"

단종의 두려움은 곧 현실이 되었어요.

1457년 10월, 세조는 단종에게 사약을 내린 거예요.

단종이 죽자 엄흥도라는 영월의 호장(조선 시대 향리의 우두머리)이

단종의 시신을 거두어 장사를 지냈어요.

"폐하를 까마귀 밥으로 만들 수는 없다."

병에 시달리는 세조

세조가 단종을 영월로 내쫓은 후 궁궐에는 이상한 소문이 돌았어요.

"동궁전 근처에서 귀신이 나온다고 하네. 하얀 소복을 입고 곡을 한대."

"동궁전뿐만 아니라 편전 근처에서도 귀신을 봤다는 사람이 있어."

귀신을 봤다는 사람들은 귀신이 바로 단종의 어머니 현덕 왕후라고

입을 모아 말했어요.

세조의 맏아들인 의경 세자는 밤마다 겁에 질려 헛소리를 했어요.

"귀신이 아바마마와 나부터 죽일 거야. 어, 현덕 왕후가 보인다.

나를 바라보고 있어. 으악!"

의경 세자는 결국 병에 걸려 죽고 말았어요.

"현덕 왕후 귀신 때문에 세자를 잃었다. 내 용서치 않으리라!"

세조는 분을 이기지 못하고 현덕 왕후의 무덤을 파헤쳤어요.

그러자 현덕 왕후가 세조의 꿈에 나타났어요.

"내 아들을 쫓아내고도 무사할 줄 알았느냐! 벌레만도 못한 놈!"

꿈에서 현덕 왕후는 세조에게 침을 뱉었는데 실제로

현덕 왕후의 침이 묻었던 곳에 붉은 반점이 생겼어요.

세조가 반점을 마구 긁어 대자

부스럼이 되어 고름이 나기 시작했어요.

세조는 피부병을 고치기 위해 물이 좋다는 곳은 모조리

찾아다녔어요.

왕권을 강화하다

세조는 자신에게 도전하는 사람들을 몰아낸 뒤

왕권을 튼튼하게 다지는 데 힘썼어요.

"의정부 서사제를 없애고 6조 직계제를 만들어라."

"또한 성삼문, 박팽년이 몸담았던 집현전의 문도 닫아라."

세조는 학자들과 정치 문제를 토론하는 경연 제도도 없앴어요.

왕을 견제하던 기구인 대간의 힘을 빼앗고

왕의 비서실인 승정원에 힘을 실어 주었어요.

"백성들을 잘 다스리기 위해서는 신분이 뚜렷해야 한다.

호패법을 다시 시작하도록 하라."

호패는 지금의 주민 등록증과 같은 거예요.

천민을 뺀 백성들은 호패를 가지고

다니며 자신의 신분을 증명해야 했어요.

또한 세조는 〈경제육전〉을

정리하도록 했어요.

〈경제육전〉 등 옛 법전을 토대로 내용을 보충했어.

▲ 〈경제육전〉을 바탕으로 한 〈경국대전〉

밖으로는 평화 정책을 써서 국경에 큰 소란이 없었어요.

나라 안팎을 잘 다스리던 세조에게도 걸리는 것이 있었어요.

'형제를 죽이고 조카의 왕위를 빼앗은 나를 유학자들은 손가락질한다

말이지. 그렇다면 유학보다는 불교를 키워야겠어.'

세조는 그전의 왕들과 달리 불교에 힘을 실어 주었어요.

이시애의 난

세조는 늘 반란에 대한 두려움을 갖고 있었어요.

'궁궐에 있는 신하들은 문제가 없지만 북쪽 변방 군대가 문제야.'

세조는 반란 대비책으로 북쪽 출신들에겐 관리 자리를 주지 않았어요.

그러자 함길도 병마절제사를 지낸

장군 이시애가 불만을 품었어요.

▲ 원각사지 10층 석탑

1467년 세조는 원각사를 완성했어. 불교를 통해 자신의 죄를 씻고 싶어 한 거지.

이시애는 동생 이시합과 부하들을 끌어들여 반란 계획을 짰어요.

이시애는 몰래 군대를 모은 뒤 1467년 마침내 계획을 실행했어요.

"강효문을 죽이고 신숙주와 한명회가 반역을 꾀했다고 알려라!"

세조는 이시애의 편지를 받고 신숙주와 한명회를 옥에 가두었어요.

이시애는 그 소식을 듣고 두 번째 계획을 실행했어요.

"지금 한명회와 신숙주가 손을 잡고 폐하를 죽이려고 한다.

함길도 백성들은 일어나 나와 함께 역적들을 잡으러 가자."

이시애가 꾸민 말은 어느새 사실처럼 되어 백성들이 따랐어요.

세조는 이시애가 반란을 일으켰을 것이라 추측하고

구성군 이준을 병마도총사로 삼아 토벌대 3만 명을

함길도로 보냈어요.

토벌군이 온다는 소식에 이시애에게 모였던 민심이 흩어졌어요.

하지만 이시애는 공격을 멈추지 않았어요.

함길도를 차지한 뒤 곧장 황해도까지 손에 넣었어요.

토벌대를 이끄는 장수 중에 남이라는 훌륭한 장수가 있었어요.

"이시애를 없애고 반란군을 진압하라!"

토벌대와 이시애의 군대는 팽팽하게 맞섰어요.

하지만 시간이 지나자 이시애의 군대는 식량이 떨어졌어요.

세조는 이때를 노려 허유례를 첩자로 보냈어요.

"제 아버님이 장군님 부하입니다. 저도 장군님을 위해 싸우겠습니다."

이시애는 부하의 아들인 허유례를 의심하지 않았어요.

허유례는 이시애의 부하들을 만나고 다니며 이시애를 죽이자고 꾀었어요.

"우린 이시애에게 속고 있는 겁니다.

이시애를 믿고 따랐다가는 모두 죽게 될 겁니다."

결국 이시애는 부하들에게 잡혀 도총사 이준에게 끌려갔어요.

"이시애를 처형한 뒤 이시애는 죽었다고 온 백성에게 알려라!"

이시애를 따르던 군사들과 백성들은 뿔뿔이 흩어져 달아났어요.

4개월 동안 계속되었던 이시애 난은 이렇게 끝났어요.

이 무렵 세조의 건강이 크게 나빠졌어요.

세조는 몸이 약한 세자를 신숙주, 한명회, 구차관에게 부탁했어요.

"그대들이 힘을 모아 병약한 세자를 잘 돌봐 주시오."

세조는 1468년에 52세의 나이로 세상을 떠났어요.

▲ 이시애의 난을 평정한 남이 장군의 묘

1467년 이시애의 난을 진압하여 이름을 떨쳤어.

28세에 병조 참판 자리까지 올랐지. 하지만 유자광의 모함을 받아 죽게 돼.

행동 대장 권람

권람은 권제의 아들로 1416년에 태어났어요.

그는 책과 책상을 말에 싣고 경치 좋은 곳을 찾아가 학문을 쌓았어요.

이때 한명회를 만나 평생의 벗으로 삼았지요.

"남자로 태어나 국경의 적을 모두 무찌르지 못할 것 같으면,

만 권의 책을 읽어 영원히 없어지지 않는 이름을 남기세."

권람과 한명회는 이런 약속을 할 정도로 친했어요.

훗날 한명회를 수양 대군에게 소개한 사람도 권람이에요.

권람은 1450년 35세 때 과거에 급제했어요.

그 후 집안이 좋아 빠르게 승진했지요.

과거에 급제한 해에 사헌부 감찰에 올랐고, 이듬해 집현전 교리가 되어

수양 대군과 함께 책을 쓰면서 가깝게 지내게 되었어요.

▲ 세조와 정희 왕후가 묻힌 광릉

경기도 남양주시 진접읍에 있어.

어린 단종이 왕위에 오르자 수양 대군이 권람에게 말했어요.

"지금 조정은 어린 왕을 두고 김종서와 황보인, 안평 대군이 힘을

키우고 있소. 참으로 나라가 걱정이오."

그러면서 권람에게 도와 달라고 했어요.

"우리가 힘을 합쳐 나라를 바로 세웁시다."

권람은 수양 대군에게 충성을 맹세했어요.

"먼저 김종서를 없애야 할 것 같소."

권람은 수양 대군의 명령에 따라 홍달손 등 무인들을 이끌고

김종서를 없앴어요. 이 일로 수양 대군에게 큰 믿음을 얻게 되었지요.

수양 대군은 왕이 된 뒤 권람을 좌의정에 앉혔어요.

하지만 권람은 수양 대군을 믿지 않았어요.

'왕은 신하들의 힘이 강해지는 걸 좋아하지 않아.

죄를 뒤집어씌워 쫓아낼 것이 분명해.

차라리 먼저 벼슬 자리에서 물러나는 게 좋겠어.'

권람은 병을 핑계로 벼슬을 내놓고 조용히 지내다가

50세에 세상을 떠났어요.

모사꾼 한명회

권람이 군대를 이끌고 세조를 왕위에 올렸다면,

한명회는 이 모든 계획을 짠 사람이에요.

한명회는 일찍 부모를 여의고 가난하게 살았어요.

그러다 보니 학문에 열중할 수 없어 과거에 번번이 떨어졌어요.

하지만 머리가 매우 좋아 상황 판단이 빨랐어요.

'과거로는 관직에 나갈 수 없겠어. 마침 권람이 수양 대군과

가까이 지내니 그를 도와 출세를 해야겠군.'

한명회는 권람을 찾아가 조선에는 강한 왕이 필요하다고 말했어요.

"지금 왕은 너무 어리고 약해 재상들에게 휘둘릴 게 뻔하네.

하지만 수양 대군은 누구보다 강한 왕이 될 수 있을 것이네."

권람이 입을 다물자 한명회가 보채듯이 말했어요.

"자네는 수양 대군과 친하지 않나. 그를 찾아가서 충성하겠다고 하고

나를 추천해 주게. 그럼 내가 다 알아서 하겠네."

"수양 대군을 왕으로 만들자는 말인가?"

"수양 대군이 왕이 되면 우린 일등 공신이 되는 걸세.

조선은 강한 왕을 갖게 되어 번성할 것이니 일석이조 아닌가."

권람은 깊은 생각 끝에 고개를 끄덕였어요.

한명회는 권람의 추천으로 수양 대군을 모시게 되었지요.

▲ 권람이 쓴 편지글

한명회를
수양 대군에게
추천한 사람이
권람이야.

추천장
한명회

안평 대군을 내쫓은 계유정난에서부터
김종서를 죽인 일 등 모든 계획이
한명회 머리에서 나온 거예요.
한명회는 '살생부'를 만들어 수양
대군이 왕위에 오르는 데 방해되는
조정 대신들을 모두 죽였어요.
1455년, 세조가 왕위에 오르자
한명회는 좌부승지가 되었지요.
한명회가 그렇게 원하던 일등 공신이
되어 출세 길로 들어선 거예요.
한명회는 여기서 멈추지 않았어요.
성삼문 등 사육신들의 역모를 막아
승정원 우두머리인 도승지까지
올랐다가 마침내 영의정이 되었어요.
'권력 기반을 튼튼히 하기 위해선
왕실과 사돈을 맺어야 돼.'
한명회는 자신의 딸을 세조의 아들인
예종의 왕비로 만들었어요.
다른 딸은 훗날 성종의 왕비가 되었지요.
신숙주, 권람 등과도 사돈을 맺었어요.

▲ 예종의 비인 장순 왕후의 무덤인 공릉

▲ 성종의 비인 공혜 왕후의 무덤인 순릉

두 분 다
한명회의 딸로,
10대의 어린 나이에
죽었어.

25

권력을 쥔 한명회에게도 위기가 있었어요.

한명회와 신숙주가 역모를 꾀한다는 소문을 이시애가 낸 거예요.

세조는 일단 한명회와 신숙주를 의심해 감옥에 가두었어요.

"한명회 네놈을 믿었는데 어찌 역모를 꾸몄느냐. 사실을 말하라!"

"억울하옵니다. 이시애가 거짓 소문을 퍼뜨린 것입니다."

세조는 한명회의 반란 증거를 찾지 못해 풀어 주었어요.

"내가 잘못된 상소를 믿고 오해했구나.

그대들의 결백함이 밝혀졌으니 이제

돌아가 쉬도록 하라."

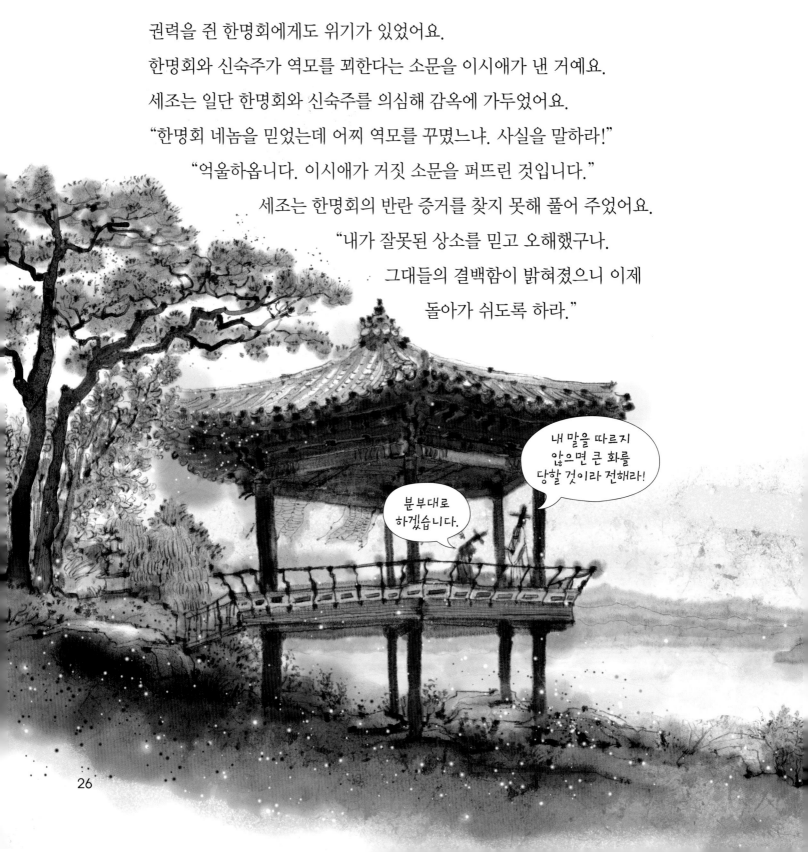

내 말을 따르지 않으면 큰 화를 당할 것이라 전해라!

분부대로 하겠습니다.

이시애의 난 이후에는 큰 위기가 없었어요.

한명회는 세조의 유언에 따라 신숙주와 함께 나랏일을 돌보았어요.

1469년에는 다시 영의정이 되었지요.

같은 해 예종이 죽고 성종이 왕위에 올랐어요.

한명회는 병조 판서까지 맡아 최고의 권력자가 되었어요.

한명회는 세조, 예종, 성종 3대에 걸쳐 권력을 잡고

최고의 권세와 부를 누렸어요.

한명회는 나이가 들어 벼슬에서 물러났어요.

"나도 이제 한가롭게 책을 읽으며 명상을 해야겠네."

그는 한강변에 자신의 호를 따 '압구정'이라고 했어요.

벼슬을 떠났지만 한명회는 끝까지 권력을 놓지 않으려고 해서

백성들의 눈살을 찌푸리게 했지요.

한명회는 1487년 73세의 나이로 세상을 떠났어요.

수양 대군을 도운 신숙주

세조는 신숙주를 아꼈어요.

"당 태종에게는 위징이 있었다면 내게는 신숙주가 있다."

위징은 당 태종 때 문화 발전에 많은 공을 세운 사람이에요.

세조가 신숙주를 '위징' 같은 사람으로 여긴 것은 당 태종만큼

자신도 문화적인 업적을 이루었다는 자긍심의 표현이었어요.

세조는 나랏일을 의논할 때 늘 신숙주를 찾았어요.

신숙주는 그만큼 세조에게 많은 영향을 끼친 인물이에요.

신숙주는 1417년 공조 참판 신장의 아들로 태어나

22세 때 과거에 급제하여 집현전에서 활동했어요.

신숙주는 세종과 함께 훈민정음을 정리하는 일에도 참여했어요.

성삼문과 함께 언어학 책을 구하러 명나라에 다녀오기도 했지요.

명나라 언어학자 황찬도 신숙주의 이해력에 감탄했다고 해요.

"이렇게 짧은 시간에 많은 것을 이해하는 사람은 처음 봤습니다."

세종뿐 아니라 문종도 신숙주의 재주를 매우 아꼈어요.

문종은 명나라 사신이 오자 성삼문과 신숙주를 불렀어요.

"이 사람들은 우리 조선에서 시를 제일 잘 짓는 사람들입니다.

이들의 시를 들어 보시죠."

신숙주의 시에 명나라 사신은 감탄을 금치 못했어요.

"당신이야말로 동방 거벽이군요."

동방에서 가장 학식이 뛰어난 사람을 '동방 거벽'이라고 해요.

그 정도로 신숙주는 학문과 시에 능했어요.

신숙주는 집현전에서 가장 높은 벼슬이자 왕의 비서인

직제학 자리까지 올라갔어요. 이때의 나이는 35세였어요.

1452년, 신숙주는 수양 대군과 함께 명나라에 가게 되었어요.

"자네는 누가 나라를 이끄는 것이 좋겠다고 생각하는가?"

"김종서와 황보인은 충직하나 나라를 이끌기에는 부족합니다.

대군이라면 능히 나라를 이끌 수 있을 겁니다."

이후 신숙주는 수양 대군을 왕으로 만드는

일에 나서게 되었어요.

수양 대군은 정권을 잡은 뒤 신숙주를 일등

공신으로 세우고 도승지 벼슬을 내렸어요.

그대가 외교와
국방을 책임지고
맡아 주게.

신숙주는 외교와 국방에 힘을 썼지요.

성삼문과 집현전 학자들은 신숙주를 변절자라고 비난했고,

후대 선비들은 '기회주의자이자 변절자'라고 평했어요.

하지만 당시의 평가는 달랐어요.

"왕실을 튼튼히 하기 위해 과감하게 수양 대군을 돕고 나섰으니

정말 배포가 큰 선비야."

이렇듯 신숙주는 엇갈린 평가 속에서

많은 업적을 남겼어요.

왕의 교과서라고 할 수 있는

〈국조보감〉을 쓰고, 사서오경을

새롭게 해석한 책도 남겼어요.

신숙주는 59세의 나이로

세상을 떠났어요.

전쟁이 없어야
조선이 안정됩니다.
주변 국가들과 평화롭게
지내야 합니다.

나약하고 의심이 많았던 예종

비운의 남이 장군

1468년 9월, 세조의 둘째 아들 예종이 왕위에 올랐어요.

예종은 병이 깊어 늘 병상에 누워 있었어요.

예종을 대신해 어머니인 정희 왕후가 수렴청정을 했어요.

세조는 죽기 전에 원상 제도라는 것을 마련했어요.

원상 제도는 원로 대신들이 나랏일을 결정하고 끌어가는 거예요.

세조가 원상으로 정한 신하는 한명회, 신숙주, 구치관 세 사람이었어요.

예종은 신경이 날카롭고 의심이 많았어요. 한명회와 신숙주는 이 기회를 이용해 남이를 없애기로 했지요.

▲ 신숙주

집현전 학사 출신으로, 세조와 예종을 도와 나랏일을 했어.

둘은 강희맹과 한계희를 예종에게 보냈어요.

"폐하, 나라의 군대를 책임지는 병조 판서 남이가 너무 어려 걱정입니다."

"젊은 혈기에 일을 그르치지 않을까 밤에 잠이 오지 않습니다."

예종 또한 남이를 싫어했어요.

아버지 세조가 자신보다 남이를 더 아낀다고 미워하고 있었어요.

"그렇다면 남이를 병조 판서에서 물러나게 하라."

하루아침에 벼슬을 빼앗긴 남이는 몹시 화가 났어요.

하지만 남이의 불행은 여기서 끝나지 않았어요.

어느 날 밤 혜성이 나타났다가 사라지는 모습을 보고 남이는

한탄 섞인 목소리로 말했어요.

"어허, 저것은 묵은 것을 몰아내고 새로운 것을 받아들일 징조인데……."

이때 유자광이 남이의 말을 엿듣고는
눈빛을 번쩍였어요.

▲ 남이의 옥사가 기록된 〈연려실기술〉

유자광은 예종 때에는 남이를 모함해 죽이고, 연산군 때에는 김종직, 김일손 등을 모함해 무오사화를 일으켰어.

유자광도 남이와 함께 이시애 난을 평정한 공이 있었지만

남이만큼 높은 벼슬을 하지는 못했어요.

그래서 늘 남이를 못마땅하게 여기고 있었지요.

'내 앞길을 가로막은 너도 이제 끝이다.'

유자광은 예종에게 바로 일러바쳤어요.

"폐하, 남이가 혜성이 떨어지는 것을 보고 역모를 입에 담았나이다."

"뭣이? 이런 무엄한 놈이 있나. 당장 남이를 잡아들여라."

유자광의 모함으로 남이의 부하 민서, 친구 문효량도 잡혀 왔어요.

"남이와 함께 역모를 꾸몄느냐? 사실대로 말하라!"

문효량은 고문을 이기지 못하고 결국 거짓말을 했어요.

"폐하께서 세종 대왕 능을 찾아갈 때

남이와 함께 죽이기로 했습니다."

이렇게 되자 남이도 모든 걸 포기하며 말했어요.

"영의정 강순도 저와 함께했습니다."

남이는 같은 무장 출신으로 재상 직위에 있으면서 억울한

자신의 처지를 모른 척한 것에 대한 분풀이로 강순을 끌어들였던 거예요.

이 사건으로 남이를 포함해 영의정 강순,

그들과 친분이 있었던 수십 명의 무장들이 죽임을 당했어요.

예종도 병이 심해져 20세의 나이로 죽음을 맞이했답니다.

태평성대를 이룬 성종

쫓겨나는 왕비 윤씨

예종이 죽었지만 정희 왕후는 아들의 죽음을 알리지 않았어요.

'후계자를 정한 뒤에 이 사실을 알려야 조정이 혼란에 빠지지 않아.'

정희 왕후는 후계자 문제를 한명회와 의논했어요.

"세자 제안 대군은 겨우 네 살이오. 너무 어려 안 되오.

죽은 의경 세자의 맏아들인 월산군이 어떻소?"

한명회는 강력하게 반대했어요.

"미련한 월산군보다는 동생 자을산군이 훨씬 영리합니다.

자을산군을 다음 왕으로 세우셔야 합니다."

자을산군은 한명회의 사위예요.

정희 왕후는 한명회의 제안을 받아들였어요.

이렇게 해서 13세의 자을산군이 왕위에 올랐어요.

그가 바로 성종이에요.

그러나 임금의 장인이 되었다는 기쁨은 오래가지 못했어요.

딸 공혜 왕후가 19세에 죽었거든요.

그러자 성종은 후궁으로 있던 윤기견의 딸을 왕비로 삼았어요.

훗날 폭군이 되어 쫓겨난 연산군의 어머니예요.

왕비 윤씨는 질투가 아주 심했어요. 훗날 연산군이 되는
원자를 낳은 지 1년쯤 된 어느 날이었어요.
왕비 윤씨는 성종이 다른 후궁을 아끼는 것에 몹시 화가 났어요.
왕비 윤씨는 후궁들을 몰래 죽일 계획을 세우고
독약인 비상을 구해 숨겨 놓았어요.

왕비 윤씨는 후궁들을 죽일 방법을 찾았어요.

하지만 성종도 이 사실을 알고 있었어요.

"사실이오? 비상으로 후궁들을 죽이려고 한다는 것이?"

성종은 왕비 윤씨의 방 서랍들을 마구 뒤져 작은 주머니와 상자를

찾아냈어요. 주머니 안에는 비상 덩어리가 있었고,

상자 안에는 저주할 때 쓰는 주문 책이 있었어요.

"중전! 비상과 요사스러운 책은 어디에 쓰려고 구한 것이오?"

"삼월이가 구해다 주기에 가지고 있던 것입니다. 전 모릅니다."

"중전, 잘못을 뉘우치지 않고 변명만 늘어놓다니! 용서할 수 없소."

성종은 삼월이를 죽이고 왕비 윤씨를 빈으로 낮추었어요.

하지만 얼마 뒤 용서하고 다시 중전에 앉혔지요.

그 후 성종은 왕비 윤씨를 만나지 않았어요.

왕비 윤씨는 성종의 처소로 찾아가 다짜고짜 껴안으며 말했어요.

"폐하, 저를 내치지 말아 주십시오."

"이러지 마시오. 저리 비키시오."

성종은 몸을 피해 뒤로 물러났어요.

이때 왕비 윤씨의 손톱이 성종의 얼굴을 할퀴었어요.

"무엄하다. 썩 물러가시오!"

왕의 얼굴에 손톱 자국을 냈다는 이야기를 들은

인수 대비는 화가 머리끝까지 났어요.

"비상 사건도 참아 주었는데, 이제 더 이상은 참을 수 없구나."

성종은 신하들을 모아 놓고 왕비 윤씨를 폐위하겠다고 말했어요.

"폐하, 원자의 앞날을 생각하여 참으셔야 합니다."

"중전이 있는 것이 원자를 망치는 일이오. 중전을 폐위시키시오."

성종은 기어코 왕비 윤씨를 궁궐 밖으로 쫓아냈어요.

그로부터 얼마 후, 인수 대비의 지시를 받은 후궁들이

왕비 윤씨를 모함했어요. 왕과 신하들을 원망하고

복수를 벼르고 있다는 소문을 퍼뜨린 거예요.

성종은 왕비 윤씨가 반성을 하지 않는다는 이유로 사약을 내렸어요.

왕비 윤씨가 죽은 뒤 성종은 엄히 명령을 내렸어요.

"앞으로 백 년 동안 이 일을 아무도 입에 담지 마라.

만약 입에 담는 자가 있으면 죽음을 면치 못할 것이다."

훗날 왕비 윤씨의 아들 연산군이 자신의 어머니가

억울하게 죽은 것을 알게 되어 궁궐에 피바람을 몰아치게 되지요.

성종 시대는 왕비 문제만 빼고는 태평한 시대였어요.

성종은 학문을 발전시키고 국방을 튼튼히 하여 나라를 안정시켰지요.

〈동국여지승람〉을 비롯하여 조선 시대의 통치 기준이 된
최고 법전 〈경국대전〉도 이때에 완성되었어요.
성종 재위 25년간은 조선 역사에서 가장 평화로운 시대였어요.
1494년, 성종이 38세로 죽고 연산군이 왕위에 오른답니다.

훈구파와 사림파란?

조선 초기에 나라를 지배해 온 것은 양반 사대부였어요. 그중에서도 훈구파가 조선 사회를 움직였어요. 그러다 성종 때를 전후로 지방의 사림파가 중앙 정치 무대에 나타나기 시작했지요. 훈구파와 사림파, 그리고 조선 시대의 관리에 대해 알아보아요.

나라에 공을 세운 신하들, 훈구파

▶ 성삼문의 동상

훈구 세력은 이성계를 도와 나라를 세우는 데 공로가 큰 정도전·조준 등을 비롯하여 역대의 왕을 보좌하여 제도를 정비하는 데 힘쓴 사람들이었어요. 세종 때의 집현전 학자들도 넓게 보면 이 훈구파라고 할 수 있어요.

그러나 세조에 의해 사육신을 비롯하여 많은 학자들이 죽임을 당한 뒤에는, 세조를 도와 왕위에 올린 인물들인 정인지·최항·양성지·신숙주·서거정 등이 훈구 세력을 이끌었어요. 훈구파는 높은 관직을 차지하고 많은 토지와 노비를 가진 대지주들이었어요.

훈구 세력은 15세기 이래로 늘어난 농업 생산력과 이를 배경으로 발달한 상공업의 이익을 독차지했어요. 이들은 대개 경기도를 중심으로 한 지역에 살고 있었어요.

지방에 근거지를 둔 지식층, 사림파

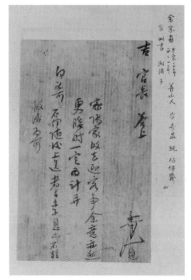

▲ 김종직의 편지글

사림의 뿌리는 고려 왕실에 대한 절개와 의리를 지켜서 조선 왕조에서 벼슬하기를 거부한 길재로 거슬러 올라가요. 그는 고향인 선산으로 내려가 제자들을 길렀어요. 그 뒤 김종직에 이르러 김굉필·정여창·김일손 등의 많은 제자들을 내어 영남 일대에서 큰 세력을 이루었어요.

이들은 대체로 사서(논어, 맹자, 대학, 중용)·오경(시경, 서경, 역경, 춘추, 예기) 등 경서를 연구하는 학문인 경학에 능한 학자들이었어요. 사림은 성리학을 바탕으로 향촌 자치제를 내세웠어요. 또 그들은 도덕과 의리를 중히 여기고 학술과 언론을 바탕으로 하는 왕도 정치를 추구했어요.

❀ 조선 시대 관리가 되려면

조선 시대에는 과거에 합격해야 관리가 될 수 있었어요. 과거 시험은 소과와 대과가 있었어요. 소과에는 생원시와 진사시가 있었고, 생원시나 진사시 모두 초시와 복시를 봐야 했어요. 생원과 진사가 되면 성균관에 입학할 자격과 대과인 전시를 치를 수 있는 자격이 주어졌어요. 대과는 문과와 무과로 나뉘며, 초시·복시·전시를 통과해야 비로소 관리가 될 수 있었지요.

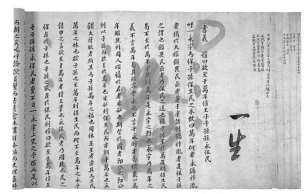

▲ 조선 시대 과거 시험 답안지

▲ 경복궁 근정전의 품계석

❀ 조선 시대 관리들의 등급, 품계

과거에 합격한 경우, 장원 급제자는 종6품을, 나머지는 성적순으로 7품부터 9품까지의 관직을 받았어요. 품계는 1품부터 9품까지 9단계로 나뉘었는데, 각 품은 다시 정과 종으로 나뉘었어요. 같은 품수일 때에는 정이 종보다 품계가 한 자리 높았어요. 영의정·좌의정·우의정을 '3정승'이라고 하는데, 3정승은 정1품이에요.

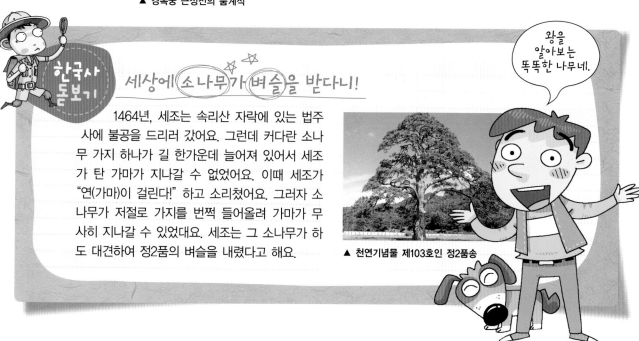

한국사 돋보기

세상에 소나무가 벼슬을 받다니!

1464년, 세조는 속리산 자락에 있는 법주사에 불공을 드리러 갔어요. 그런데 커다란 소나무 가지 하나가 길 한가운데 늘어져 있어서 세조가 탄 가마가 지나갈 수 없었어요. 이때 세조가 "연(가마)이 걸린다!" 하고 소리쳤어요. 그러자 소나무가 저절로 가지를 번쩍 들어올려 가마가 무사히 지나갈 수 있었대요. 세조는 그 소나무가 하도 대견하여 정2품의 벼슬을 내렸다고 해요.

▲ 천연기념물 제103호인 정2품송

왕을 알아보는 똑똑한 나무네.

〈경국대전〉과 〈조선왕조실록〉은 어떤 책일까?

〈경국대전〉은 세조 때 흩어져 있던 각종 법전들을 하나로 만들기 시작하여 성종 때에 완성한 조선 시대 기본 법전이에요. 〈조선왕조실록〉은 태조에서 철종까지 조선 왕조 25대 472년간 의 역사적인 일들을 연대에 따라 순서대로 기록한 책이에요. 자, 함께 알아볼까요?

❀ 조선 시대 통치의 기준이 된 〈경국대전〉

〈경국대전〉은 조선 시대 정치의 근본이 된 법전으로, 세조 때 최항·노사신 등이 만들기 시작하여 성종 16년(1485)에 완성되었어요. 모두 6전으로 이루어져 있어요. 관리와 관제 등에 관한 법률인 '이전', 재정·경제에 관한 법률인 '호전', 과거 시험을 비롯한 교육·제사·문화 등에 관한 법률인 '예전', 법률·소송 등에 관한 내용이 담긴 '형전', 집과 공장 등에 관한 법률인 '공전', 국방과 군대에 관한 법률인 '병전' 등으로 구성되어 있어요.

▲ 〈경국대전〉의 표지와 본문

> 우리나라에 전해 오는 가장 오래된 법전이야!

❀ 조선 왕조의 역사를 기록한 〈조선왕조실록〉

〈조선왕조실록〉은 각 왕별로 기록되어 있어요. 그중에서 〈태조실록〉은 태종 13년(1413)에 맨 처음 편찬되었고, 제25대의 〈철종실록〉은 고종 2년(1865)에 편찬되었지요. 그 분량이 방대하여 모두 합해 1894권 888책에 이른다고 해요.

실록은 한 왕이 죽으면 다음 왕 때 춘추관 안에 실록청을 두고 왕 앞에서 기록한 사초(사기의 초벌 원고), 각 관청의 문서들을 모아 만든 시정기 등을 종합 정리하여 연대에 따라 엮었어요. 〈조선왕조실록〉에는 조선 시대의 정치·경제·사회·문화 등 역사적 사실들이 담겨 있어요.

> 조선 시대를 이해하는 데 가장 기본적인 역사책이지!

▲ 〈조선왕조실록〉

1450

세조 즉위 ➡ 1455 ⬅ 장미 전쟁 시작

단종 복위 운동 일어남 ➡ 1456

호패법 재실시 ➡ 1458

1460 ⬅ 조반니 벨리니, 〈피에타〉 그림

▲ 호적 작성을 위해 관에 제출하던 호구단자

호적 작성 ➡ **1462** ⬅ 러시아, 이반 3세 즉위

직전법 실시 ➡ 1466

원각사지 10층 석탑 축조 ➡ 1467 ⬅ 일본, 전국 시대 전개

관수관급제 실시 ➡ 1470

1471 ⬅ 명, 만리장성 쌓음

악학궤범

음악의 원리, 악기 배열, 무용 절차 등이 서술되어 있으며, 궁중 의식에서 연주하던 음악이 그림으로 풀이되어 있어요.

〈국조오례의〉 펴냄 ➡ **1474**

◀ 프리마베라

1476 ⬅ 보티첼리, 〈프리마베라〉 그림

〈동문선〉 지음 ➡ 1478

1479 ⬅ 에스파냐 왕국 성립

〈동국여지승람〉 지음 ➡ 1481

창경궁 준공 ➡ 1484

1485 ⬅ 튜더 왕조 시작

백제 가요 '정읍사'와 고려 가요 '동동' 따위가 실려 있어.

만리장성

춘추 전국 시대에 변경의 방위를 위하여 쌓았던 것을 진의 시황제가 크게 증축했고, 지금 남아 있는 것은 명나라가 몽골의 침입에 대비하여 쌓은 거예요.

1486

1487 ⬅ 보티첼리, 〈비너스의 탄생〉 그림

유향소 재설치 ➡ 1488 ⬅ 바르톨로뮤 디아스, 희망봉 발견

도첩제 없앰 ➡ 1492 ⬅ 콜럼버스, 아메리카 항로 발견

〈악학궤범〉 완성 ➡ 1493

인류 역사상 최대 규모의 토목 공사였대.